JOCELYN CHRISTOPHER

Né en Guadeloupe en 1959, il séjourne en France de 1975 à 1991. Il crée la société Tympan Production à Paris en 1982. Il lance par la suite le label MBK Records Production de musique à Paris en 1984. Jocelyn Christopher vit en Guadeloupe depuis 1991. Producteur de disques en Guadeloupe avec le label Pagna Music, il occupe la fonction de directeur chez Mornalo FM de 1992 à 2003. Il est aussi à l'origine du Dance Hall Café en 1997. Il est désormais gérant de Waka Film Int depuis 2009. Scénariste depuis 2008, il lance Waka Film Éditions en 2019. La Face cachée du Zouk est son premier livre.

jocelyn.christopher@hotmail.fr

La Face Cachée Du Zouk

JOCELYN CHRISTOPHER

La Face Cachée Du Zouk

Mes remerciements à Relly Faro et Stecy Lancastre pour leur précieuse contribution
Conception graphique Wakafilm éditions
Crédits photographiques : divers libre de droits

WAKA FILM
ÉDITION LIVRE

WAKAFILM éditions

ISBN 978-2-35885-000-1

WAKAFILM éditions Mars 2019

Le soleil du Zouk est à son Zénith.

Le Zouk est une machine de guerre

Introduction

Dans l'histoire contemporaine de la musique, créer un nouveau style de musique demeure une exception.
C'est pour cette raison que la création du zouk est Particulièrement intéressante.
En dépit de son côté festif, le zouk est une machine de guerre, mise au point par des guerriers créateurs qui n'ont pas accepté la mainmise de certains rythmes sur les ondes, et la mise à l'écart des artistes de la Guadeloupe et de la Martinique. Face à cette invasion, une riposte s'imposait ; c'est ainsi qu'a été créée l'arme fatale : le zouk.
Il faut remonter à la genèse de la musique antillaise francophone des années 1966-1976. À cette époque, sur les ondes de radio, les programmes musicaux sont assez variés. Vous pouvez écouter de la variété française, de la biguine, de la mazurka, de la cadence rampa, de la musique cubaine (guaguanco…).
En Haïti, on écoute de la cadence rampa de Webert Sico, avec son titre "Carnaval" (Bon gen von).
L'un des derniers grands succès de biguine connus en Guadeloupe est le titre "Bèl matadô".
C'est une composition de Raphaël Zachille - lauréat du Prix de la Biguine en 1967 - chantée par Gérard Valton. À cette période, la Guadeloupe et la Martinique se font concurrence avec leurs chanteurs de biguine et de mazurka.
En Martinique, Marius Cultier joue sa biguine, mais l'apothéose est atteinte avec David Martial et son titre "Célimène", signé chez CBS en 1976. Ce morceau

de biguine fait un carton : plusieurs centaines de milliers de disques sont vendus.

Cependant, les Guadeloupéens et les Martiniquais ne savent pas encore qu'ils vont vivre un changement radical de leur monde musical. En effet, la biguine va subitement et durablement disparaître des ondes, à l'exception de La Compagnie Créole, considérée à tort par les Antillais comme un groupe folklorique français.

RC 43
AUX ONDES
WEBER
SICOT
CARNAVAL
A LA
GUADELOUPE
BONNE FÊTE
POURQUOI ?

"BEL MATADÔ LA"
1er PRIX DE LA BIGUINE CLASSIQUE 1967
RAPHAËL
ZACHILLE
ET SON ORCH. AVEC
GERARD VALTON
DEBS

Marius Cultier
CONCERTO POUR
LA FLEUR ET L'OISEAU
REBECCA
PARFUM D'AMOUR

CELIMENE
version intégrale
david martial

DANSEZ
LA COMPAGNIE CRÉOLE
40 MINUTES DE DANSE NON-STOP

02- La première attaque

La première salve vient d'Haïti via New-York avec la formation musicale Les Schleu-Schleu et leur
Titre : "Tête chauve à New-York".

Ce morceau est sur l'un des derniers disques de cadence rampa qui fait un tabac en Guadeloupe et en Martinique. Tabou Combo leur emboîte le pas en 1974 avec son titre : "Huitième sacrement", qui s'installe durablement au box-office antillais. Le Kompa direct, un nouveau rythme venu de la diaspora haïtienne de New-York inonde les Antilles et enterre au passage
La Cadence rampa et la biguine.

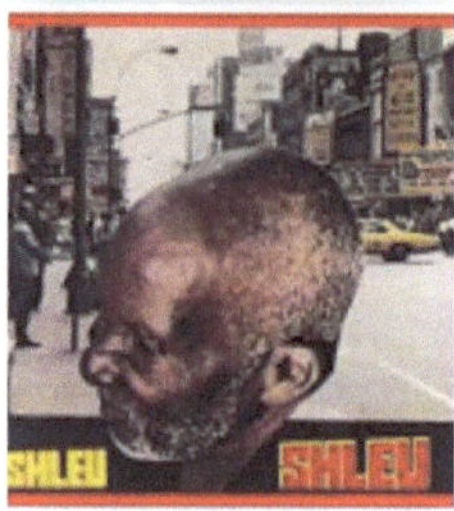

03- La première contre-attaque.

La Guadeloupe réagit avec le style musical cadence, joué par le groupe Typical Combo et son titre "Bobiné" de Georges Plonquitte.

Il est suivi par les groupes Les Vikings avec leur titre "Dégagez", Les Aiglons avec le titre "Cuisse La" et le Super Combo avec "Mwen dômi déwô".

Le groupe Expérience 7 dans un autre registre nous distille de nouvelles mélodies avec entre autres le titre "Wilfried".

La Martinique n'est pas en reste, elle contre-attaque avec les groupes : la Perfecta, Le JM-Harmonie, La Sélecta et le groupe Sixième Continent (c'est un groupe qui joue une musique expérimentale, le reggae DOM-TOM et qui a pour leader un certain Kali.)

04- La surprise des artistes dominiquais

Mais contre toute attente une île anglophone,
la Dominique voisine de la Guadeloupe, porte un coup
fatal à la cadence. Depuis quelques années,
des musiciens de l'île de la Dominique résident en
Guadeloupe, et collaborent avec des groupes comme
les Vikings. C'est ainsi qu'on retrouve Jeff Joseph du
côté de Pointe-à-Pitre ou encore Gordon Henderson à
Basse-Terre. Les Dominiquais affûtent leurs armes
pour créer une musique révolutionnaire. Le groupe
Bill-o-Man, lance un nouveau style musical :
la cadence-lypso.

Les groupes Exile-One, Midnigth-Groovers,
les Grammacks et The Black Affairs et la chanteuse
Ophélia s'en font les porte-drapeaux. Par leur
présence sur les ondes, ces groupes dominiquais
tiennent la dragée haute aux artistes francophones
durant dix longues années.

Ils remplissent les salles de bal en Guadeloupe, Martinique, Guyane, sur l'île de la Réunion, Paris et dans
toutes les grandes villes de France hexagonale. Ils
s'exportent en Suisse, en Allemagne, aux États-Unis
et en Angleterre. Ophélia se produit en concert au
palais des congrès de la porte Maillot à Paris.

C'est le premier concert antillais à Paris où le public
est assis. Avec Ophélia, c'est un autre cap franchi, le
public antillais habitué aux bals, se déplace en
masse pour écouter son titre "Chanson d'amour".
Il existe cependant un précédent concert assis aux Antilles. Au début des années 1970, un dénommé Ibo Simon, avait déjà donné des concerts de ce type dans

des salles de cinéma, avec un succès plus ou moins mitigé.

En effet, je me souviens encore de ce concert dans la salle du Tivoli au bas du bourg à Basse-Terre. C'était la première fois que je voyais un artiste invectiver son public pour manque de réaction. Ibo lui criait : "Vous n'êtes pas obligés de regarder votre voisin pour applaudir, parce que votre voisin lui aussi vous regarde, et finalement, personne n'applaudit". Les spectateurs étaient interloqués, bien enfoncés dans leurs sièges, ils regardaient un Ibo Simon sautillant et virevoltant. C'était un public de bal, qui ne s'attendait pas à une telle prestation : il était venu danser sur Ibo Simon.

05- Le retour des Haïtiens avec le kompa

En 1975, une nouvelle vague de musique haïtienne
déferle : le Kompa. Il a pour chef de file les groupes :
Magnum-Band, Volo-Volo, Dp-Express de Ti Mano.
< pour mémoire, nous avons déjà eu la Cadence-
Rampa, le Compa-Direct et le Compa. >

Le groupe les Frères Déjean avec le titre Marina,
ouvre une nouvelle ère : celle des titres de plus de sept
minutes.

Il est suivi dans cette voie par les groupes Gjet-X,
Coupé-Cloué, Gérard-Daniel, Les Gypsies de Pétion-
Ville, Prodomo-Sua, Les Skah-Shah, Tabou Combo,
Digital Express. Cette fois,la domination du kompa
est totale. La Martinique, la Guadeloupe, la Guyane et
Paris vibrent au son du kompa de 1976 à 1982.

La Guadeloupe tente de résister avec les groupes :
les Vikings, Super Combo, Les Aiglons, les
Sunlights, Typical-Combo, Expérience 7,
Les Maxelles et Zouk Machine.

En Martinique, la résistance est assurée par la Perfecta et des nouveaux comme Pakatak de Dédé Saint-Prix, le groupe Malavoi et le JM-Harmony.

Mais la bataille est inégale, l'armada haïtienne fournie chaque année de nouveaux groupes et la qualité des enregistrements est sans égale.

Les artistes haïtiens deviennent millionnaires. Certains se passent de maisons de disques et vendent directement des licences de fabrication de leurs albums au plus offrant.

Au fil du temps, ils finissent par vendre plusieurs fois une licence pour le même territoire. La rapacité des producteurs et artistes haïtiens désorganise la filière, les disquaires achetant des lots du même disque à plusieurs distributeurs.

Le marché est tellement juteux que tout le monde y trouve son compte.

La riposte se prépare du côté des musiciens de la Guadeloupe.
Les visionnaires que sont Pierre-Édouard Décimus, Jacob Desvarieux et Freddy Marshall décident de créer de nouveaux rythmes.

Ils montent alors un labo-studio qui devient le quartier général des musiciens, des chanteurs, paroliers, joueurs de gwô-ka et autres programmateurs de musique.

L'informatique musicale fait ses premiers pas avec [1]l'Atari, cet ordinateur qui va jouer un rôle déterminant dans la création du Zouk. Les musiciens apprennent à

---

[1] L'Atari ST est le premier ordinateur avec une interface Midi intégrée, pour la musique assistée par ordinateur

structurer la musique en répétant des séquences sur un tempo soutenu par un métronome électronique : "tic, tac, tic, tac" qui se transforme en : "tic, tac, pi, tac". C'est ce balancement qui va les mettre sur la piste finale du Zouk. Mais en attendant, les artistes tâtonnent…

Un premier opus produit par Freddy Marshall voit le jour sous le nom de "Fm Band". On y retrouve au chant Jacob Desvarieux. Tous les ingrédients du son Kassav' sont déjà contenus dans ce premier disque : les rifts de cuivre et l'écriture des cœurs.

Un deuxième album sort sous le nom de Kassav, puis un troisième en 1979 : Love and kadanse, avec un titre, "Hommage à Saint Jean". C'est un célèbre musicien qui invente le rythme qui porte son nom ; il est également produit par Freddy Marshall.

08- La riposte des artistes antillais de Paris.

Du côté de Paris, les artistes antillais cherchent aussi un nouveau rythme.

Ils ont investi, à Aubervilliers, les sous-sols du parking 2000, qui contient une cinquantaine de salles de répétition, toutes occupées par des musiciens antillais.

Dans un box, on retrouve le futur groupe Gazoline et dans un autre, le groupe Galaxy de Roger Plonquitte.

À gauche, Timothey Hérelle et au milieu le groupe Pakatak.

Tout au fond, Anthonie Guissie a pris ses quartiers et Bago, un percussionniste martiniquais, occupe un autre box seul. Le groupe La Mafia de Jean-Michel Cabrimol y fait ses premières armes.

Un peu à part, Amédée-Ô-Suriam crée son Techno-Beat, précurseur de la musique techno.
On y retrouve aussi un certain Muchapata qui invente le ragamuffin francophone avec le titre : "Châtelet-les halles".

09- L'opportunité providentielle

Je vais vous raconter une anecdote que peu de personnes connaissent. Comme je l'ai déjà mentionné, les groupes haïtiens sont devenus financièrement très gourmands, vendant au mieux-disant la licence de vente de leurs disques.

En 1982, les planètes se sont alignées favorablement pour permettre aux artistes Guadeloupéens et Martiniquais de sortir de la domination du kompa.

Une société de distribution, Iguane Production dirigée par Lenny Ibarra fait main basse sur les dix plus grands groupes haïtiens.

Il les signe en licence exclusive France pour une somme de 250 000 francs de l'époque chacun. À cette somme, s'ajoute le paiement des royalties. C'est la plus grosse transaction jamais faite dans le milieu du disque antillais.

La société Iguane Production fait une entrée fracassante, dans le rayon disque Antilles des FNAC.
Iguane Production impose des conditions de vente et de règlement aux disquaires spécialisés.
Avec ce monopole et une telle force de frappe, Iguane Production est incontournable.
Pour certains disquaires spécialisés, la musique haïtienne constitue 80 % de leur chiffre d'affaires à Paris et dans les provinces.

Cependant, il y a un grain de sable : Tropic FM.
Une radio privée dirigée à l'époque par
Daniel Valminos, un homme d'affaires martiniquais
visionnaire.

Jusqu'ici, la musique haïtienne n'a pas de contrat de
promotion à Tropic FM, mais y est diffusée en boucle
toute la journée, car fort appréciée des auditeurs.

A contrario, les producteurs de la Guadeloupe et de la
Martinique se voient obligés de souscrire un contrat
publicitaire pour que leurs disques passent sur les
ondes.

Ainsi, Daniel Valminos convoque Lenny Ibarra
d'Iguane Production.
Il lui propose un contrat de promotion par groupe
haïtien. Lenny accepte très mal cette proposition et
rétorque au directeur de Tropic FM que ses disques
n'ont pas besoin de sa radio pour se vendre.
Par excès de confiance, Lenny Ibarra commet l'erreur
de sa vie. Il vient de signer, par son arrogance, la mort
du kompa sur les ondes.
En effet, un boycott sans précédent est mis en place
par la radio. Du jour au lendemain, le programme
de Tropic FM change et fait plus de place aux
musiques émergentes des Antilles françaises. L'onde
de choc se répand jusqu'aux Antilles. Il faudra plus de
vingt ans aux groupes de kompa pour revenir sur les
ondes et sur le devant de la scène musicale.

10- Naissance d'un mythe

Eh oui ! Les astres s'alignent parfois de façon surprenante. Comme disent les cartomanciennes, le soleil du Zouk est à son Zénith. >

Ironie du sort, un des premiers gros succès du groupe est le titre "Soleil". Il est désormais temps pour Kassav de révolutionner le monde musical avec le zouk. Le son Kassav' se précise.
Le mariage de la technologie et du groove du tambour de [2]« Mass a Sen Jan » crée le zouk de Kassav :
la machine à zouker est prête.
Les armes s'affûtent pour revenir dans la partie. C'est l'opus numéro 3 avec le titre "Soukougnan" qui révèle le groupe Kassav' au grand public.

Carton plein aux Antilles, le son Kassav' déferle sur la Guadeloupe, la Martinique et Paris. L'apothéose est atteinte avec la sortie en 1984 du titre : "Zouk-la sé sèl médikaman nou ni".

Pour la première fois, le groupe Kassav avec son zouk part à la conquête du monde. Les accords de guitare de Jacob Desvarieux enflamment les Antilles, l'Afrique, l'Europe, les Etats-Unis, l'Amérique du Sud, le Japon et l'Europe de l'Est.
La France hexagonale reste le dernier bastion à conquérir. Pourtant, Kassav' est un groupe français.
Mais les médias nationaux sont à la traîne. Ils ont du mal à accepter qu'un groupe chantant en créole soit le plus grand groupe français de tous les temps.

---

[2] Mass a sen jan, est un rythme du carnaval guadeloupéen

Néanmoins, la communauté antillaise de France
porte son groupe. Sans publicité nationale,
Kassav s'offre le Zénith de Paris. Quinze dates de
concert à guichets fermés.

Le groupe joue également dans des stades en Afrique
devant des centaines de milliers de spectateurs. Le
mythe Kassav est né.
Dans son sillage, le phénomène Kassav enfante des
dizaines de groupes et de chanteurs de Zouk.
Les studios d'enregistrement de la Guadeloupe, de la
Martinique et de Paris tournent à plein tube.

Le marché du disque antillais explose, enrichissant au
passage des dizaines de producteurs. Les disquaires
deviennent producteurs et chacun produit son clone
de Kassav.'Des centaines de chefs-d'œuvre de Zouk
sont créés par pléthore d'artistes.

11- La face cachée de la production

Dans les années 1980, beaucoup d'artistes antillais s'autoproduisent. Ils font les choux gras des studios d'enregistrement parisiens, qui facturent au prix fort ces producteurs.

En effet, la rentabilité des trois-quarts des studios de la capitale est assurée par le zouk. Certains studios, surpris de voir arriver cette clientèle, profitent pour multiplier par trois le prix des heures de séances.

J'ai le souvenir d'un studio dans les Hauts-de-Seine où Liso, le producteur guadeloupéen, enregistrait son fameux disque Guetto-a-Liso. Les ingénieurs du son qui y travaillaient se moquaient ouvertement de lui en me disant : "Le gars vient faire sa programmation et sa recherche de son, dans un studio qui lui facture quatre cent cinquante euros la journée".

Il faut dire qu'à cette époque, les Antillais découvrent la programmation musicale sur Atari. Après quinze jours de studio, la note est en effet, un peu salée, sept mille euros. À ce prix-là, le producteur pouvait s'acheter le matériel de programmation assez sophistiqué pour préparer ses albums. Mais certains producteurs payaient encore plus cher pour une production en studio : 22 000 € voire plus. Pour la production d'un album, la facture du studio n'est que la première étape, suivie du mastering.

La manœuvre consiste à équilibrer les fréquences de la musique, à élargir les basses, les aigus pour les normes radiophoniques et les différents supports de diffusion. Cette opération coûte entre 500 et 1200 €.

Puis vient l'étape de la gravure pour le vinyle, le CD, la cassette pour un coût de 750 €, puis vous avez le pressage du disque, du CD et de la cassette : 2,50 € l'unité pour le disque, 2 € pour la cassette, 2,20 € pour le CD. Et ce n'est pas tout ! Il faut encore une jaquette pour le CD et la cassette, ainsi qu'une pochette pour le disque. Une fois toutes ces étapes réalisées et les musiciens payés, la production revient à 37 000 € en moyenne.

Le zouk est, à cette époque, la musique qui fait fonctionner l'industrie du disque en France. La preuve en est que, dans le Musée du Zouk en Angola dix-huit mille disques de zouk y sont répertoriés.

Cette réalité est connue des professionnels de la musique, mais ignorée par le système et les médias de la France hexagonale. Pour couvrir de tels frais, les producteurs doivent écouler au moins cinquante mille exemplaires de disques et CD. Certaines productions atteignent même les cent mille voire les cent cinquante mille exemplaires vendus.

Certains artistes atteignent le nombre de ventes requis pour se voir attribuer des disques d'or, mais ils ne le savent pas, car un système très opaque instauré par les producteurs et distributeurs les maintient dans l'ignorance. Il existe pourtant un moyen de contrôle : les

autorisations SDRM (autorisation de pressage).
Il s'agit d'un document que tout producteur doit soumettre à la SACEM pour la reproduction mécanique, et sans lequel il ne peut donner ordre à l'usine de fabriquer les disques.

Mais la plupart des artistes de l'époque ne sont pas adhérents à la SACEM lorsque sort leur premier disque. Ainsi, quand le producteur demande une autorisation SDRM, il peut y inscrire le nombre de disques à fabriquer sans avoir à payer les droits mécaniques, d'où une opacité totale pour l'artiste.

Vous comprendrez aisément alors que tous les producteurs de Zouk, avaient des artistes "étoile filante", qui changeait de producteur à chaque disque. Vu   la   quantité incroyable d'autoproductions qui leurs étaient proposées, les producteurs avaient l'embarras du choix. Il y avait des centaines d'artistes qui créaient des œuvres toutes plus originales les unes que les autres. La production artistique de zouk des années 1980 et 1990 était une vraie mine d'or.

J'ai en mémoire la remarque que m'a faite un Américain au MIDEM, le grand marché du disque qui se déroule chaque année à Cannes.
Il me dit texto : "Vous jetez de la musique".
Surpris, je lui demande de préciser ses propos.
Il me répondit : "Savez-vous que chacun de vos artistes a inventé un style de musique ?".
Son propos me laissa pensif.
Cela n'existe nulle part dans le monde.

12 - La tragédie du zouk

L'histoire du Zouk ne serait pas complète si je
n'évoquais pas Monsieur Henri Debs, grand
producteur de musique en Guadeloupe de 1959 à
2013. Il avait comme slogan : "Si la musique antillaise
existe aujourd'hui, c'est que Debs, l'a sauvée jadis".

Ce slogan a une grande importance dans ce qui va
suivre. Effectivement, avec la venue de la
production Debs, les enregistrements sont devenus
plus professionnels, de meilleure qualité que ceux qui
étaient produits auparavant par Raymond Célini et
Marcel Mavounzy, les premiers producteurs de renom
en Guadeloupe. Pendant les vingt premières années, la
guerre fait rage entre ces différents producteurs.
Au final, c'est la production Debs qui a survécu à cette
bataille.

Ces années de compétition acharnée en Guadeloupe
ont laissé des traces, qui vont sceller le destin de la
production, aux Antilles et en Guyane pour les
années à venir.

Henri Debs, est le plus gros producteur de musique antillaise dans le monde. Dans les années 1970,
il contribue à la découverte de la musique Cadence,
avec les groupes : Les Aiglons, Les Vikings,
Le Typical Combo, Le Tabou n°2 et Expérience 7.

Puis va suivre en 1979 la période Zouk avec : Expérience 7, Zouk Machine, Sadi Lancréot, Tanya Saint-Val, Luc Léandry, Éric Brouta, Francky Vincent, Tatiana Miath, le groupe Chiktay, Frédéric Caracas, Jean-Jacques Gaston, Klod Fostin et bien d'autres artistes.

Henri Debs reçoit plusieurs disques d'or et de platine pour ses productions. Il occupe une position dans le secteur de la production de la musique antillaise qui dépasse les frontières des îles.

Comme je vous l'ai indiqué, plus en avant dans le texte les vingt années de compétition du passé ont laissé des traces. Henri Debs en homme d'affaires avisé, a verrouillé le marché du disque antillo-guyanais. C'est ainsi que le distributeur SONODISC, basé à Paris avait un contrat exclusif avec lui.
Excluant toute possibilité pour un autre producteur antillais d'être distribué par cette maison de distribution internationale.

Les nouveaux producteurs étaient obligés de monter des structures de distribution, très lourdes pour écouler leurs productions. Le marché restreint des ventes de disques, ne leur permettait pas d'évoluer. Il était très difficile pour un producteur de l'époque de rivaliser avec la sortie du disque d'un des poulains de l'écurie Debs. Les disques Debs avaient le monopole sur la distribution, mais aussi sur la diffusion radio et télé locales. Dans les périodes clés telles que Noël, le carnaval et les grandes vacances, le verrouillage était total jusqu'au milieu des années 1990.

Souvenez-vous du slogan : "Si la musique antillaise existe aujourd'hui, c'est que Debs l'a sauvée jadis". Il existe des victoires dites à la Pyrrhus ou le vainqueur, s'inflige tellement de perte pour défaire les parties adverses. L'ironie du sort, c'est que le sauveur de la musique antillaise a sclérosé le marché du disque à l'international du fait de sa position dominante. En l'occurrence, le fait que les autres producteurs n'aient pas pu grandir à l'ombre de notre grand producteur, ceci a créé un déséquilibre dans l'organisation du marché du disque antillais.

En clair, les producteurs de zouk ont subi les conséquences d'une guerre commerciale débutée bien avant la naissance du zouk. C'est pour cela que cette musique, le Zouk, a eu beaucoup de mal à s'organiser à l'international, faute de distributeurs sérieusement implantés en Europe, en Afrique et dans les autres parties du monde. Le déclin du marché du Zouk a impacté directement les producteurs, qui étaient aussi des disquaires. Ce constat incite à la réflexion, sur comment une belle histoire, peut tourner court suite à des antagonismes.

Dans les années 1980, les maisons de disques françaises prennent conscience du potentiel du marché du zouk. La société Polydor tente une ouverture avec Jeff Joseph avec son titre : "One Two Three" et Ralph Thamar avec son "Polisson".
Une campagne de publicité sans précédent est engagée pour ces artistes dans les médias (télévision, radio, presse écrite, affiches dans le métro).

Une tournée internationale est organisée pour Jeff
Joseph, qui vient de rentrer dans les charts.
"One Two Three" est dans le Top 50, Jeff Joseph vient
de toucher le Graal, la récompense suprême :
la reconnaissance du public. Les ventes de disques
s'envolent. Et pourtant, un événement incompréhen-
sible va se produire…

Je me souviens encore de ce jour comme si c'était
hier. Je suis dans le bureau du directeur artistique
de Polydor en train de négocier un contrat de distribution pour mon artiste Anthony Gussie.

Le téléphone sonne. Le directeur artistique est sommé
de se rendre immédiatement dans le bureau du PDG
de Polydor. Il s'absente alors 15 minutes et revient la
mine déconfite. Il me regarde et me dit,
désabusé : "C'est fini, plus de musique antillaise au
catalogue de Polydor. "

Cet homme qui s'est battu pour intégrer la musique
antillaise au répertoire de cette major compagnie,
vient de recevoir un coup de poignard dans le dos de
la part d'un de ses artistes. Jeff Joseph a appelé le
Japon pour renégocier le montant de ses prestations
durant la tournée japonaise.
Ce genre de chose est inenvisageable dans le monde
professionnel de la musique.

Apparemment, Jeff Joseph n'avait pas compris qu'il
était dans une autre division : les producteurs organi-
sent et les chanteurs chantent, chacun joue son
rôle. Cette indélicatesse signa la fin prématurée de sa

carrière à l'international. Il entraîne dans sa chute Ralph Thamar et tous les nouveaux artistes antillais attirés par la lumière des major compagnies.

À la même époque, d'autres artistes de la diaspora connaissent la même disgrâce.
C'est le cas d'Alpha Blondy, qui pour n'avoir pas respecté ses engagements lors de la tournée NRJ Tour, il est banni à vie des ondes de NRJ.

Mais la tragédie ne s'arrête pas là :
plusieurs producteurs de musique guadeloupéens, martiniquais, guyanais décident de monter une
maison de distribution commune sous le nom de SARL Hibiscus Records, dirigée par Madame
Mauriello. Cette initiative est certes une bonne idée, mais les différents producteurs-actionnaires
n'alimentent que très peu voire pas du tout en productions, leurs maisons de distribution. Ils ne changent pas leurs vieilles habitudes.
Encore un rendez-vous manqué pour l'organisation du marché du Zouk.

Le marché du zouk est désorganisé, pas structuré et comme dit le vieux dicton, la nature a horreur du vide. Cette situation est alors du pain béni pour les pirates. Il n'y eut pas une musique au monde plus piratée que celle du zouk sur le continent africain. Les pirates fabriquent des millions de cassettes et de disques qui sont vendus librement sur les marchés. La perte est énorme pour les artistes, les producteurs, les distributeurs et toute la filière.

Les producteurs historiques de zouk tels que Mora
Disque, Ixeu, Henry Debs, Liso Music, Sono Disc,
Coco Sound, Jojo Debs, Mbk Records, Debs Music
ont complètement disparu du paysage musical.
C'est un immense gâchis qui hypothèque à vie le
rayonnement d'une musique faite pour conquérir le
monde : que de rendez-vous manqués.

Cependant, en Amérique du Sud, la filière reste
inexploitée par les acteurs du Zouk. Pourtant, des pays
tels que le Brésil, la Colombie, le Venezuela et
d'autres encore, ont un énorme potentiel et pourraient
offrir des débouchés intéressants.

13 – Le devoir de transmission

Je porte ces faits à la connaissance de tous, pour que
les générations d'artistes d'aujourd'hui et de
demain sachent les raisons pour lesquelles ils ont un
plafond de verre, qui les empêche d'avancer dans leur
carrière musicale et d'atteindre les étoiles.

Le saccage perpétré par les protagonistes de l'histoire
du Zouk a tué une belle aventure que des artistes
guadeloupéens et martiniquais ont initiée pour la
défense de leur culture.

En créant le Zouk, les artistes que sont :
Pierre Édouard Décimus, Jacob Desvarieux, Freddy
Marshall, Patrick Saint-Eloi et Jocelyne Béroard ont
été des pionniers. Ils ont créé, sans le savoir,
la première société de musique antillaise et porté un
projet pérenne. Ils ont su, par leur intelligence, gérer
en interne les crises du groupe, sans rien laisser filtrer
à l'extérieur.

Je rends hommage au groupe Kassav', ainsi qu'à tous
les acteurs qui ont contribué, de près ou de loin, au
travail réalisé depuis près de 40 ans pour donner
naissance, défendre et promouvoir à travers le monde
une musique et une culture : le Zouk.

14 - L'amer constat d'un échec

Le Zouk est la musique qui a subi le plus de malveil-
lance de la part des Antillais eux-mêmes et aussi
l'indifférence des médias français qui ont largement
sous-estimé et méprisé cette musique.

Les producteurs de zouk ont été systématiquement
rackettés par les radios antillaises, pour la diffusion de
leurs titres. Ils étaient obligés de payer des campagnes
publicitaires pour que les œuvres de leurs artistes
soient diffusées sur les ondes. Les animateurs de ces
mêmes radios rackettaient à leur tour les artistes, pour
être reçus dans les émissions.

À cette époque, les autres musiques étaient jouées sur
les ondes sans contrepartie : seul le Zouk subissait
cette injustice.

En tant que jeune producteur à l'époque, j'ai interrogé
les dirigeants de ces radios et aussi les animateurs pour
comprendre le traitement qui était imposé aux
producteurs de Zouk.
On m'a répondu que le nombre de productions de
disques de Zouk était trop élevé. Plus de 50 nouveaux
disques par mois : il n'y avait pas de place pour tous
ces artistes. Les productions de disques de zouk de la
Guadeloupe, de la Martinique, de la Guyane et des
Antillais de France étaient nombreuses : elles pouvaient dépasser la centaine de nouveautés aux mois de
juillet et de décembre.

Le marché du Zouk à cette époque était la musique
qui rapportait le plus d'argent à l'industrie de la
musique en France : les studios d'enregistrement,
les studios de mastering et les usines de fabrication de
disques et de compact disc avaient du mal à suivre
une telle cadence.

Je me suis rendu compte à l'époque, de l'importance
de cette industrie, qui semblait échapper à notre
communauté.
C'est ainsi qu'en 1984 après avoir obtenu un MBA en
Gestion d'entreprise culturelle, j'ai créé mon
Label MBK Records. Je me suis également inscrit en
tant que producteur dans une organisation professionnelle de l'industrie du disque : la SCPP (la Société Civile   des   Professionnels   Phonographiques).

En tant que membre, j'ai pu participer à des élections
professionnelles. J'ai eu la chance d'être élu à
plusieurs reprises dans différentes commissions : celle
des admissions, celle des aides à la production. C'est
ainsi que je suis rentré par la grande porte dans les
institutions qui régissent notre métier.

Dans ces commissions, je me suis retrouvé à table
avec les patrons des plus grosses maisons de disques
telles que CBS, PHONOGRAM, EMI, SONODISC,
POLYDOR, BARCLAY et tant d'autres.

J'ai pu voir de l'intérieur de cette institution comment
étaient structurés les mécanismes de rémunération
des artistes, des éditeurs et des producteurs par la
SACEM, la SPEDIDAM, SCPP, SPPF.

À ma grande surprise, je découvre que les critères pour payer les droits d'auteur aux artistes et les droits voisins aux producteurs à cette époque excluaient totalement de fait nos artistes.

Les médias de référence étaient France Inter, Europe 1, RMC, NRJ, TF1, FR3, Antenne 2, Canal Plus et tous les médias du même genre.
Ces derniers fournissaient leurs grilles de programmes avec les titres diffusés quotidiennement sur les antennes, sans grande surprise, le Zouk était absent de ces programmes.

C'est ainsi qu'une partie des droits d'auteur était calculée. L'autre partie, les droits voisins, était la déclaration de diffusion des titres joués dans les cafés, supermarchés, discothèques, concerts, festivals et magasins divers.

J'avais remarqué les faibles revenus que je percevais sur mes productions, alors que j'avais dans mon catalogue des artistes à succès comme :
Winnie Khumalo ou Sankomota.
Ces artistes sud-africains avaient vendu des centaines de milliers de disques dans le monde.

Lors d'une commission, je fis remarquer aux dirigeants de la SCPP, cet état de fait. J'évoquai ainsi l'exclusion de toute la musique antillaise et des musiques d'Afrique, des rémunérations légitimes auxquelles pouvaient prétendre les artistes et producteurs des départements d'Outre-mer.

Il m'a été répondu que si je voulais changer les choses, je devais monter ma propre organisation.

En 1989, je décidai de monter la SCPA-DOM sur mes propres fonds, pour défendre les intérêts des artistes et producteurs des DOM-TOM. Grand mal m'en a pris, car j'avais entrepris de m'attaquer à des institutions riches en milliards.

Ayant suivi scrupuleusement la procédure de création de ma société de collecte de droit voisin, j'ai soumis la structure pour agrément au ministère de la Culture comme la loi l'exigeait. J'avais un certain nombre de mandants, un conseil d'administration, un bureau à Paris. Le ministère de la Culture n'a jamais traité le dossier, malgré mes nombreuses relances.

La procédure de création de ce type d'organisme est très encadrée. Malgré le fait que le ministère de la Culture ne m'ait pas répondu dans les délais,
la création fut actée. La SCPA-DOM satisfaisait tous les critères de légalité.
Nous pouvions légalement avoir un siège à la SCPA, l'organisme de distribution des droits voisins pour les producteurs.
Les choses prirent un tournant complexe, le gâteau était trop gros, il aurait fallu rétrocéder plusieurs millions de francs à notre organisme, pour la gestion des droits pour nos territoires.

Les associés de la SCPA ont joué la carte du pourrissement, en m'asphyxiant financièrement. Ainsi, je ne pouvais plus payer le cabinet d'avocats spécialisés que j'avais engagé pour mener à bien ce combat. J'ai dû renoncer à cette bataille n'ayant pas trouvé de soutiens chez les élus politiques des DOM-TOM, que j'avais pourtant sollicités.

Aucun président de régions et des départements d'Outre-mer n'a souhaité à l'époque porter sa contribution dans l'optique d'aider les artistes et producteurs de nos territoires. Cela aurait permis la maîtrise d'une organisation qui avait pour leitmotiv de changer durablement la façon de concevoir le métier d'artiste et de producteur dans les DOM-TOM.

À cette époque, la seule bataille que nous avions pu remporter avec l'aide de monsieur Michel Bangou et du député communiste Ernest Moutoussamy, c'est une intervention à l'Assemblée nationale. Il s'agit de celle du député Moutoussamy en 1992 : elle consista en une question écrite au gouvernement sur le mode de calcul des droits d'auteur et de l'exclusion de nos musiques sur les médias de référence en France.

Nous avons eu, comme réponse du ministre des DOM-TOM de l'époque à l'Assemblée nationale :
« Le ministère de la Culture demandera à la SACEM d'accélérer leurs processus d'informatisation dans les DOM-TOM pour avoir plus de visibilité dans la répartition des droits. »
Que de rendez-vous manqués !
Si seulement les responsables politiques avaient pris conscience de l'enjeu qui me motivait à l'époque, nous aurions pu organiser et structurer nos musiques et productions par nos propres moyens.

J'avais fait des projections à l'époque :
sur les 800 millions de francs de droits voisins
annuels récoltés par la SCPA, quarante millions de
francs nous revenaient de droit chaque année.

Je vous laisse imaginer sur vingt-six ans comment la
vie de nos artistes et producteurs aurait changé.
Je me suis souvent interrogé sur la raison de mon
échec, dans cette mission qui m'animait à cette
époque. Je trouvai une réponse suite à une rencontre
fortuite dans les salons de l'annexe de la Région Guadeloupe à Pointe-à-Pitre, en 1992.

****

Je suis dans l'annexe à Anquetil. Nous sommes deux
chefs d'entreprise dans cette salle d'attente.
Nous engageons la conversation. Je lui explique mon
projet ; cet homme a plusieurs classeurs sous les
bras. Il m'informe de son projet d'installer la télé par
le câble en Guadeloupe. Je le regarde, interloqué. Ce
monsieur, est un Guadeloupéen comme moi.

Je ne peux m'empêcher de penser : "Celui-là,
il est encore plus fou que moi !" Son projet va coûter
des centaines de millions de francs.
Cet homme au cours de notre échange
m'informe qu'il a fait faire une étude de marché au
Canada et qu'il pensait convaincre la Région d'inves-
tir. Ainsi, il pourrait emmener à son tour de table des
Canadiens.

48

Il me vient alors une réflexion : je n'ai pas d'étude
de marché fait par un cabinet spécialisé, car je
suis le seul spécialiste à exister sur le segment du zouk
sur le marché de la production musicale.

Effectivement, je suis la seule personne à cette époque
qui a mené une réflexion économique, sur les modali-
tés de structuration du marché du Zouk, par le finan-
cement de la taxe parafiscale perçue par les droits voisins.

Donc, mon étude de marché, c'étaient les notes
succinctes de ma réflexion, couchées sur quelques
feuilles de papier. J'étais persuadé de la légitimité de
ma réflexion, de pouvoir convaincre les élus et les
fonctionnaires de la Région, de la justesse de mon
combat. Bien sûr, l'autre chef d'entreprise a pu mener
à bien son projet qui a coûté des centaines de millions
de francs sûrement amortis de nos jours.

Mon projet mal préparé, bien que légitime, n'a pas
abouti.

****

Les conséquences sont l'effondrement du marché du Zouk, la disparition des producteurs de Zouk dans les DOM et en France, des centaines de faillites de studios d'enregistrement, de magasins de disques et d'usines de fabrications.

J'ai tenu à porter ce témoignage afin que les générations à venir sachent d'où elles partent, et qu'elles comprennent les combats à mener pour structurer une profession bien mise à mal.

15 - Le retard digital et numérique du zouk

Les artistes et producteurs antillais cumulent de graves handicaps sur le digital et le numérique. Beaucoup d'entre eux ne connaissent pas les contraintes modernes pour collecter les rémunérations de leurs œuvres. J'entends souvent dire: "Je ne comprends pas, j'ai mis mes clips sur les réseaux sociaux, cela ne me rapporte rien" ou "Mes clips passent en boucle sur les télévisions, ce n'est pas rentable !"

Vous pouvez encore attendre longtemps comme cela. Plus de 99 % des titres de musique antillaise enregis-trés de 1982 à nos jours n'ont pas de codage ISRC.

L'International Standard Recording Code ou le
Code International Normalisé des Enregistrements.
Ce code identifie les enregistrements en tant que tels (à ne pas confondre avec le code produit ou le code-barres).

Le code ISRC identifie l'enregistrement pendant toute sa durée de vie.
Il est destiné à l'usage des producteurs d'enregistre-ments sonores et audiovisuels aussi bien qu'aux socié-tés de gestion des droits, types : ADAMI, SACEM, SCPA, SPPF, SCPP, SPEDIDAM.

En clair, si votre œuvre n'est pas codée, elle ne peut pas être identifiée lors des passages en radio, en télévision et sur les réseaux sociaux.

Cela a pour conséquence directe de priver l'artiste et le producteur de rémunération.

Pour savoir si votre œuvre est codée, vous jouez votre titre et vous le scannez avec l'application Shazam, en trois secondes, vous avez la réponse.

Comment coder un titre ou une vidéo ?

Votre producteur doit être affilié à une organisation professionnelle, telle que SPPF ou SCPP, à l'inscription, il lui est remis un code source pour générer des codes ISRC.

Le codage s'effectue lors du mastering du titre ou de la finalisation du montage vidéo, dans un studio professionnel. Il existe néanmoins des applications sur Internet qui vous proposent de mastériser et coder vos titres et vidéos avant publication sur les réseaux sociaux. Tout producteur ou artiste au moment du mastering ou de la finalisation vidéo, doit demander un codage ISRC.
Si un studio de mastering ne vous propose pas cela, ce n'est pas un studio professionnel.

16- Les droits voisins

Perception, répartition, évolution

Passés « d'argent de poche » à source significative de revenus pour les labels, les droits voisins ont connu une progression sensible ces dernières années. Aujourd'hui, ils occupent une place structurante dans les comptes d'exploitation des producteurs.

C'est la loi Lang de 1985, transposition en droit français de la convention de Rome de 1961, qui institue les droits voisins   des droits d'auteur. Comme   leur nom l'indique, c'est une catégorie de droits qui vient se positionner à côté des droits d'auteur, au bénéfice

des artistes interprètes et des producteurs phonographiques. Ils sont constitués de deux mécanismes principaux :
- la rémunération équitable
- la rémunération pour copie privée.

La rémunération équitable est prélevée auprès des diffuseurs d'enregistrements à des fins de commerce: radios, télévisions, discothèques et lieux publics sonorisés, qui, en contrepartie, n'ont pas à demander d'autorisation de diffusion.

Cette rémunération est collectée par la SPRE, qui la répartit aux sociétés civiles d'interprètes (ADAMI et SPEDIDAM) et de producteurs phonographiques (SCPP et SPPF).

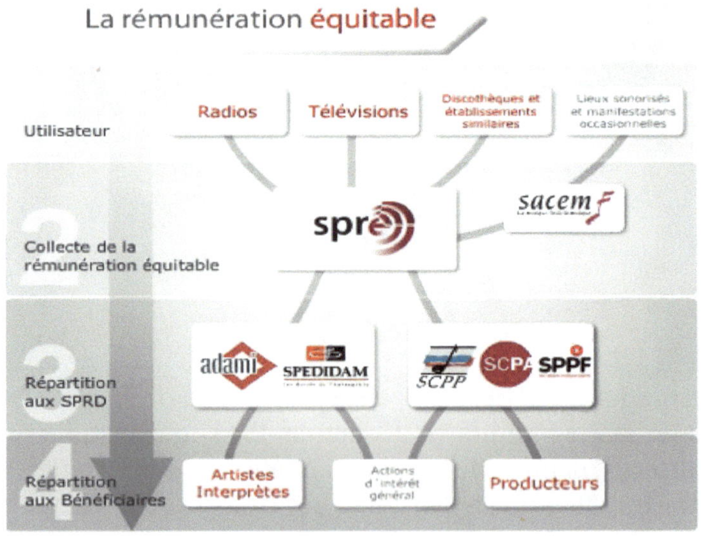

Sur les 192 millions d'euros perçus par Copie France en 2011, la moitié concerne le sonore. Le calcul de la copie privée à reverser tient compte du nombre de ventes, mais également de la durée du titre vendu (vente x durée = prorata de secondes vendues).

[3]En 2012, la SCPP a annoncé une hausse de 1 % de ses perceptions de droits voisins, à 72,8 millions d'euros.
Pour la même année, la SPPF a perçu 27,8 millions de droits, et en a réparti 24,9 millions auprès d'environ deux milles sociétés.
Le montant moyen par entreprise avoisinait les 12 250 € par an, avec néanmoins des disparités fortes, et une amplitude allant de quasiment 0 à 2 millions d'euros.
Aujourd'hui, cette source de revenus représente en moyenne 20 % des revenus des producteurs, avec une variable allant de 5 à près de 40 % selon les entreprises (on comprendra par exemple qu'un label de dance très diffusé en discothèques génère donc plus de droits.)

On peut y voir un accompagnement partiel du transfert de valeur qui s'opère donc de la vente d'objets vers l'exploitation de l'enregistrement…

Il est, en tout cas, certain que cela a des effets sur le métier.
Comme disaient Julien Godin et Sébastien Duclos, du label Play One, « les revenus liés aux droits voisins ne

---

[3] Source SPRE (Société pour la Perception de la Rémunération Équitable)

sont plus des revenus annexes, ils sont partie inté-
grante des projets que l'on développe ». Ils constituent
un flux de revenus réguliers qui influence la logique
des entreprises.
Selon l'expression de Stéphane Laick, fondateur et
gérant du label Athome,
c'est « une pompe à amorcer ,»
qui peut par exemple constituer un apport de stabilisa-
tion dans la trésorerie en dents de scie des labels.
Il reste donc à bien savoir comment s'y prendre pour
amorcer la pompe.

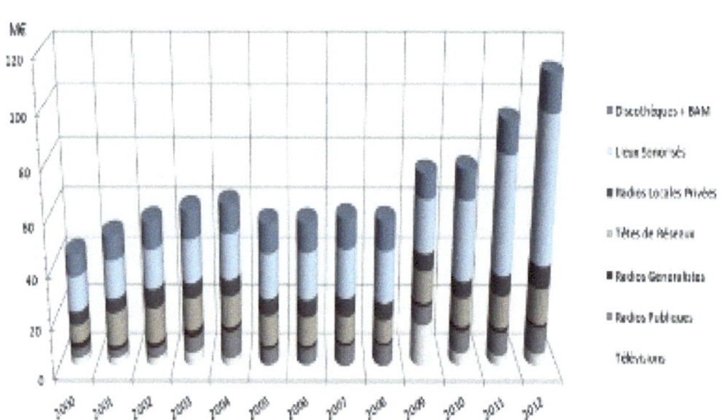

2000	2001	2002	2003	2004	2005	2006	2007	2008	2009	2010	2011	2012	Secteurs
8.6	9.4	10.5	11.3	11.2	11.5	11.3	11.7	11.5	9.9	11.8	12.8	14.7	Discothèques + DNM
13.9	15.0	15.5	16.9	17.7	17.8	18.5	19.3	20.5	20.7	31.3	46.2	57.5	Lieux Sonorisés
5.4	3.6	7.8	6.1	6.7	6.7	7.0	7.2	6.8	6.8	6.8	8.0	9.0	Radios Locales Privées
6.8	13.2	13.8	12.6	12.3	12.0	11.3	10.5	9.0	12.6	11.3	12.3	14.0	Têtes de Réseaux
2.6	1.7	1.9	2.7	1.7	1.4	1.5	1.3	1.3	1.3	1.8	1.6	1.5	Radios Généralistes
5.8	5.2	4.2	6.4	11.0	6.8	6.4	8.2	8.2	7.4	3.0	9.4	10.6	Radios Publiques
5.0	3.2	3.1	3.5	5.0	0.5	0.4	0.0	0.0	16.8	3.5	4.9	4.9	Télévisions
44.2	51.4	56.9	61.5	65.5	56.5	56.5	58.4	57.3	75.5	77.1	95.2	112.5	TOTAUX

retour à

17- Les droits voisins en pratique

Puisque les droits voisins reposent sur l'exploitation des phonogrammes, la pompe s'amorce à partir de cette double équation :

- Plus les morceaux sont diffusés et plus la rémunération équitable est importante.

- Plus ils sont vendus et plus la rémunération pour copie privée croit.

En théorie, l'opération paraît simple ; dans la réalité, les choses sont évidemment plus complexes.

D'abord, parce qu'un système de barème s'applique sur les diffusions (un titre sur NRJ ou Radio France rapporte plus que sur une radio locale.)
De plus, le calcul de la copie privée à reverser tient compte du nombre de ventes, mais également de la durée du titre vendu.

Ensuite, tout ce système implique qu'un phonogramme soit correctement identifié, et par la même identifiable et répartissable. Pour cela, le producteur membre d'une société de gestion se voit attribuer par la SCPP ou la SPPF une racine de code ISRC
propre à son entreprise, à partir de laquelle il pourra décliner le code ISRC de chaque titre produit et dûment déclaré à la SPRD, et l'intégrer sur le master physique au moment du matriçage.

Cette norme internationale ne suffit cependant pas et les producteurs, dans leur déclaration, renseignent un formulaire pour chaque titre précisant :

- L'intitulé du phonogramme et les noms de ses interprètes. C'est encore souvent par ce biais que le recoupement et l'identification s'effectuent.

- La durée du titre.

- Le(s) territoire(s) d'exploitation :
celui, ou ceux pour le(s)quel(s) la SPRD est autorisée à gérer les droits.

- Le territoire de fixation : celui où plus de 50 % des investissements de production ont eu lieu.

- La part de droit : la répartition des droits entre le producteur et des tiers, à qui le producteur aurait cédé des droits.

- Le renoncement à la retenue de 6 % pour les musiciens d'accompagnement (s'il n'y en a pas ou dans le cadre d'un groupe par exemple.)

C'est à partir de ces données que le calcul et le versement des droits voisins du producteur s'effectuent, à raison de deux répartitions à l'année (juin et décembre), et tous les trois mois pour les vidéos musiques. Sur ce relevé, figure d'ailleurs le tracking, c'est-à-dire la source de diffusion qui permet au producteur d'analyser son marché.

Ces métadonnées, accolées systématiquement à toute production, permettent à la société de perception et de redistribution d'identifier le producteur, qui lui-même, en tenant un fichier à jour de ses productions, refait le dispatching entre ses titres.

« Générer et gérer des codes ISRC, ce n'est pas compliqué », insiste Stéphane Laick. Même si le travail de traitement peut être ensuite long et fastidieux : « Au premier semestre de cette année, les répartitions sur mon catalogue numérique d'environ 130 références, c'est un peu plus de 130 000 lignes à traiter ! Mais identifier ses productions et traiter les répartitions liées, cela fait partie du métier de producteur ».

Un détail important : la perception et la répartition des droits ne sont pas simultanées.
La répartition s'effectue en général à N+1, comprenez par-là sur l'exercice précédent, voire sur les exercices antérieurs :
« Sur un projet, les droits voisins peuvent mettre entre 12 et 36 mois à revenir », précise ainsi Stéphane Laick.

Pour pallier cette distorsion temporelle, les sociétés civiles ont mis en place un système d'avance dont profitent la plupart des labels.

La SPPF propose ainsi à condition de générer plus de 5 000 € de droits voisins à l'année une avance calcu-lée sur la moyenne des droits perçus sur les deux dernières années, ce qui permet à ses associés de bénéficier d'une trésorerie plus confortable.

En revanche, tant que l'avance n'est pas recoupée, les producteurs ne touchent pas leur répartition.

Que se passe-t-il si, les phonogrammes ne sont pas (ou mal) identifiés, suite à un défaut initial de documentation ?

Pour réduire le taux d'irrépartissables par défaut de bonne identification, les sociétés civiles font la clôture définitive d'une année de compte tous les cinq ans, pour les phonogrammes non identifiés sur les diverses exploitations.
En 2013, se fera donc la clôture définitive de 2007. Un producteur a donc cinq ans pour récupérer ses droits.

18 - Musique zouk et le digital

Avoir une communauté de fans est simple.

Les réseaux sociaux sont les nouveaux amis des artistes. Pour toucher ses fans, il faut   adopter   une stratégie sur les réseaux qu'ils utilisent. Cette stratégie doit être en accord avec des objectifs définis :

- Attirer du monde à un concert.

- Générer plus de ventes d'album.

- Que votre musique soit la plus écoutée possible.

- De promouvoir en amont un nouveau son.

La gestion de votre communauté se doit d'être faite par un community manager. Qu'il soit une personne de confiance dans son entourage ou le batteur de son groupe, cette personne sera la seule à avoir la main sur les différents comptes et pourra donc mettre en place une stratégie cohérente sur tous les réseaux (Facebook, Twitter, Instagram, Snapchat, Bandcamp etc.)

Ci-dessous, les réseaux sociaux à utiliser pour faire la différence :

- Facebook : indispensable. Les fans y sont présents, l'artiste doit faire de même. La plateforme est généraliste et permet de faire découvrir son univers.
Idéal pour : diffuser massivement ses actualités,
animer la communauté et interagir avec les fans,
partager du contenu comme une nouvelle vidéo.

- YouTube : le meilleur ami des musiciens. Il est adapté à la diffusion de contenus musicaux comme des clips, des directs, mais aussi des interviews.
Idéal pour : l'hébergement de vidéos a relayé sur tous les autres réseaux sociaux, possibilité de monétisation.

- Instagram : est parfait pour la publication de contenus photos et vidéos de qualité. Attention cependant, une présence régulière est nécessaire sur cet outil.
Idéal pour : les interactions avec les fans, l'utilisation d'hashtags pour augmenter la visibilité.

- Twitter : permet d'être au cœur des interactions.
Mais comme pour Instagram, être présent quotidiennement et répondre à tous les fans est la clé d'une communication réussie.

Idéal pour : les tweets promotionnels, la facilité d'interaction.

- Snapchat : parfait pour montrer le quotidien de l'artiste. Il permet aux fans d'assister aux répétitions, mais aussi d'être en immersion dans les backstages d'un concert.

Idéal pour : créer de la proximité avec les plus fidèles de votre communauté. Le compte parfait.

- Bandcamp : fait pour les artistes indépendants. Cette plateforme permet aux groupes d'héberger leurs titres et de les ouvrir au téléchargement.

Idéal pour le partage sur différents réseaux, faire écouter ses sons.

Jocelyn CHRISTOPHER

La Face Cachée Du Zouk

100 pages pour le dire

Waka film éditions un éditeur qui personnalise votre talent. Auteur débutant ou confirmé, vous avez un manuscrit et vous souhaitez éditer votre livre dans les genres suivant : roman, polar, essais, histoire, jeunesse.
Notre équipe est à votre écoute pour vous accompagner dans votre projet.

Envoyer votre manuscrit en ligne
wakafilm.edition@gmail.com

Nous fournissons les numéros ISBN,
les codes-à-barres, promotion en librairie

Ils ont fait le Zouk :

Ronald Rubinel, Timothée Hérel, Fabi et Sax Hémar,
Edith Lefel, Bob Guibert, Ralf Tamar, Gilles Floro,
Gustavie Cham, Klod Fostin, Paola Gabriel, N'gie,
Jean-Michel Rotin, David et Corinne,Tania Saint Val,
Joelle Ursule, Franky Vincent, Paulo Albin, Dédé
Saint Prix,Tatiana Miath, Patrick Saint Eloi, Jocelyne
Labylle, Pipo Gertrude, Jocelyne Béroard, Maurice
Agad, Leïla Chicot, Pascal Vallot, Dominik Panol,
Dominique Coco, Catherine Thélamon, Guy Houiller,
Sylvio Ophion,   Sylviane Cédia,Éric Virgal,   Guillou
Lafarge, Yves Honoré, Dominique Zorobabel, Marina
Carliste, Christiane Obydol, Jane Fostin, Joel
Zabulon,Eddy Laviny,Tony Chasseur, Christiane
Valléjo, Éric Brouta, Edwina Nasso, Marie-Josée Alie,
Jean-Marie Ragal, Alex Catherine, Richard Birman,
Nadé, Tony Delumeau, Pascal Lanclume, Jean Zénar,
Sonia Dersion,   Luc Léandry,   France lise Berthely,
Yolande Valton, Orlane, WillyVervert, Slaï,
Eddy Marc, Mario Chico, Marvin, Nesly,
Thierry Cham, Perle Lama, Yoan, Ludo, Fanny-J,
Orlane, Jean-Luc Guanel, Medhy Custos, Gladys
Cabarrus, Nichols, Phil Control, Sartana, Jacques
Darbeaud, Jim Rama, Dominik Bernier,
Jean-Marie Ragald, Yannick Cabrion, Chris Lovard,
Hervé Dachard, Marius Denon, Sonia Dersion,
Marina et Philippe, Jim Rama, Battery Cremyl,
Annick et Jean-Claude, Rodrigue Marcel, Jean-Luc
Rosier, Gianni Miélé, Paulo Albin, Patrice Hulman,
Princess Lover, Philippe Dilo, Albérique Louison,
Jean-Luc Alger, Edith Lefel, Herman Fleret,

Eddy Marc, Pier Rosier, Jean Michel Cabrimol,
Marcel Cherry, Victor Delver, Frédéric Caracas,
Daniel Kissoun, Marc Telef, Chris Combet,
Jacob Desvarieux, Jean-Philippe Martelly, Warren,
Philippe Métura, Ludo, Célia Delver, Dicktam
Dominique Lorté, Hervé Dachard, Harry Diboula,
Jean-Jacques Gaston, Pascale Lanclume,
Viviane Rangon, Georges Décimus, Guy Houlier,
Harry Diboula, Ruddy Gustan.Jean-Michel Jean-
Louis, Charles Maurinier, Christian Léon.

Glossaire

SACEM

(Société des Auteurs, Compositeurs et Éditeurs de Musique)

SCPP

(Société Civile des Producteurs Phonographiques)

SPPF

(Société Civile des Producteurs de Phonogrammes en France)

SPEDIDAM

(Société de perception et de distribution des droits des artistes-interprètes)

SPRE

(Société pour la perception de la rémunération équitable)

SCPA

(Société Civile des Producteurs Associès)

ADAMI

(Société Civile pour l'administration des droits des artistes et musiciens interprètes)